NOTICE

historique

SUR LES

CÉRÉMONIES FUNÈBRES

QUI ONT EU LIEU POUR LES FUNÉRAILLES DES VIC-
TIMES DE L'ATTENTAT DU 28 JUILLET 1835,
ET LEUR TRANSLATION DE L'ÉGLISE SAINT-
PAUL A L'HÔTEL DES INVALIDES,

SUIVIE

des discours prononcés, et du tableau des blessés,

PRÉCÉDÉS

DE LA BIOGRAPHIE DE **FIESCHI-GÉRARD**,

ET

de la description de la machine infernale.

PRIX : 3o CENT.

PARIS,

CHEZ TOUS LES MARCHANDS DE NOUVEAUTÉS.

—

1835.

IMPRIMERIE DE BEAULÉ, RUE DU MONCEAU-SAINT-GERVAIS
N° 8, DERRIERE L'HÔTEL-DE-VILLE.

Intérieur de la Chapelle des Invalides.

Vue de la Chapelle ardente de l'Église St. Paul.

NOTICE

SUR FIESCHI-GÉRARD.

————

Le véritable nom de l'assassin est FIESCHI. Il est né en Corse.

Dès l'âge de quatorze ans, il était au service de Naples ; il y avait gagné la croix, sous le roi Joachim. En 1815, il fit partie de la dernière expédition de ce malheureux prince en Calabre.

En 1816, il revint en France, où il fut condamné pour vol avec circonstances agravantes à 10 ans de réclusion et à la surveillance de la haute police pendant toute sa vie. Il subit toute sa peine dans les prisons d'Embrun, au sortir desquelles Lyon lui fut désigné comme résidence. Quelque temps après, il rompit son ban, prit le nom de Gérard et s'en alla sous ce faux nom travailler à Lodève.

En 1830, Fieschi revint à Paris ; il se présenta à la commission des récompenses nationales, muni de certificats attestant qu'il avait été condamné sous la restauration pour délit politique. Plusieurs membres de cette commission s'intéressèrent à lui et le recommandèrent au ministère de l'intérieur, dont il obtint de temps à autres plusieurs secours.

Ce fut ainsi qu'il établi quelques relations avec plusieurs honorables citoyens qui l'ont reconnu depuis, notamment M. le lieutenant-colonel Ladvocat, alors membre de la commission des récompenses nationales, M. Didier, secrétaire-général du ministère de l'intérieur, M Olivier Dufrêne et M. Caune, ingénieur des ponts et chaussées.

A cette époque, pendant que Fieschi sollicitait, il était attaché au journal la *Révolution* de 1830, que dirigeait alors M. Lennox.

La protection de plusieurs de ces honorables personnes le fit entrer dans une compagnie de sous-officiers sédentaires ; puis il fut nommé l'un des gardiens de la Bièvre, fonctions qui le mirent pendant long-temps en rapport avec un grand nombre des habitants du quartier Mouffetard.

En 1833, la préfecture de police ayant examiné tous ses certificats, les reconnut faux et le dénonça au procureur du roi. Fieschi, prévenu à temps, se hâta de disparaître, et, dès cette époque, il paraît qu'il changea de nom.

Pendant les dix années qu'il avait passées dans les prisons d'Embrun, Fieschi y avait contracté des liaisons intimes avec la femme Petit, condamnée à cinq ans de travaux forcés pour banqueroute frauduleuse. Ces relations avaient continué ou repris vers les derniers temps.

Depuis l'exécution de l'attentat, la femme Petit avait pris la fuite.

Une fille de cette femme, qui avait, dit-on, des relations du même genre avec Fieschi, avait également changé de nom et disparu.

La justice attachait d'autant plus de prix à l'arrestation de ces deux femmes, qu'outre les renseignemens qu'on en pouvait tirer, on avait lieu de croire que c'était chez l'une d'elles que se trouvait une malle dont tous les journaux ont déjà parlé, et que Gérard avait fait emporter de chez lui peu de temps avant l'exécution de l'attentat.

Ces deux femmes ont été arrêtées, et la malle a été en effet saisie chez la fille.

Ce n'est pas sans peine que la police est parvenue à cette découverte; car il a été reconnu que, depuis l'attentat, cette malle avait été successivement cachée dans neuf domiciles différens.

Elle avait été cachée notamment chez un sieur Maurey, sur lequel pèsent, dit-on, des charges très-graves, et qui est également sous la main de la justice.

Lors de l'arrestation de cet individu, on a trouvé à son domicile, pour tous papiers, quelques reconnaissances de hardes de femme engagées au Mont-de-Piété, et des quittances d'abonnement au *Réformateur.*

Voici des renseignemens qui pourront aider à le caractériser :

En 1831, le brave général F. vint trouver un de ses amis, de grand matin, accompagné d'un soldat de petite taille, vêtu en capote, coiffé d'un bonnet de police, qui me parut âgé de 36 ans ; cheveux châtains, yeux creux, expressifs et perçans, nez aquilin, bouche grande et très-mal meublée, front large et bombé, bas du visage anguleux, physionomie sévère et crispée, teint coloré. Ce général me le présenta comme une victime du gouvernement déchu, et réclama en sa faveur toute ma bienveillance. Sans prévoir à quoi je pourrais lui être utile, je désirai savoir quel était ce militaire, et quel genre de peines il avait souffertes sous la branche aînée des Bourbons. Alors Fieschi, car c'était lui, me dit : «Je suis le compatriote du général. Mon père, qui fut l'un de ses camarades dans la légion corse, en sortit pour entrer dans un régiment napolitain en 1808. Admis dans ce régiment comme enfant de troupe, je fis avec lui la campagne de 1812 en Russie. De retour à Naples en 1813, je fus nommé chevalier de l'ordre des Deux-Siciles, et placé comme sous-officier dans un régiment de ligne. Je fis la campagne de 1814, et rentrai dans ma patrie à la fin de cette année. Je pris aussitôt du service dans la légion corse, organisée par le colonel M... J'espérais y conserver ma décoration, ou obtenir celle de la Légion-d'Honneur en échange ; peut-être même être nommé sous-lieutenant. Je perdis bientôt cet espoir ; mais, presqu'au même moment, le roi Joachim débarqua en Corse et fit un appel aux anciens militaires. J'accourus avec plus de mille de mes anciens camarades que Ferdinand avait eu l'imprudence de licencier. Je fus du nombre de ceux qui suivirent Murat dans l'expédition du Pizzo. Vous en connaissez le résultat. Après avoir été retenus pendant six semaines à l'île de Ventotène, nous fûmes renvoyés sur plusieurs felouques en Corse. Nous avions été graciés, dit-on, par Ferdinand, sous la condition d'être livrés en France aux cours prévôtales. A notre retour, le marquis de Rivière, commissaire de Louis XVIII, nous fit transporter dans le port de Bastia et conduire à Toulon, où un tirage des malheureux de l'expédition ayant été fait, les généraux furent renvoyés à Mar-

seille, et nous dans l'île d'Hyères, d'où, après l'arrivée de la duchesse Berri, je fus tiré avec plusieurs de mes camarades et jeté
dans un dépôt colonial. A cette époque de persécution, j'entrai
dans une conspiration qui fut découverte. Le chef périt sur l'échafaud ; les juges, prenant en pitié mon extrême jeunesse. obtinrent un sursis, pendant lequel l'autorité se flatta d'arracher, à
force de promesses, de sollicitations, de séductions et de menaces,
le nom de mes complices. Je restai sourd et ferme comme un roc
à toutes leurs tentatives, fier de leur montrer qu'un Corse savait
mourir pour sa cause, sans jamais la trahir. Lassés enfin par ma
constance, ils m'annoncèrent un jour que ma peine était commuée en prison. Mais quelle prison ! un cachot de six pieds de
large, bas et humide, dans lequel j'étais cloué par 60 livres de fer.
En moins de six mois, malgré ma vigueur de tempérament qui
avait bravé le froid de la Russie, ma santé reçut de cruelles atteintes : mes fers me rongèrent les chairs jusqu'aux os. Les vers me
dévorèrent tout vivant. N'ayant pour toute nourriture que le pain
noir de la prison, j'allais succomber lorsqu'on annonça la prochaine visite de M. Appert.

» J'en fus prévenu par un geôlier compatissant, qui m'engagea
à fixer son attention lorsqu'il passerait dans le corridor sur lequel
donnait l'entrée de mon cachot. Mes gémissemens le frappèrent ;
il ordonna qu'on ouvrît ma porte, et recula saisi d'horreur à ma
vue. Eh ! qu'a donc fait ce misérable ? dit-il au geôlier.—C'est, répondit celui-ci, un condamné politique à qui le roi a fait grâce de
la vie. — La première grâce, reprit M. Appert indigné, c'est de
lui donner de l'air et de la lumière ! car il serait moins cruel de
le faire mourir que de le condamner à vivre ainsi. Alors s'approchant de moi, il s'informa avec un ton affectueux des motifs
de ma condamnation, prit des notes, me donna 10 francs, et
m'exhorta à ne pas perdre courage. Six semaines après, je fus
transféré dans la maison centrale d'Embrun, où je restai encore
huit ans. A l'expiration de ma peine, on m'assigna le département
du Rhône pour domicile, où j'ai vécu dans le bourg de Colombes,
du travail de mes mains jusqu'à la révolution de juillet.

» La loi qui promet des indemnités aux condamnés politiques, m'a fait accourir à Paris pour réclamer le grade auquel j'ai droit. Mes services dans la légion corse doivent être constatés au ministère de la guerre. J'étais sergent dès 1816, je dois avoir l'épaulette de sous-lieutenant, et je l'ai bien gagnée ; cependant je ne l'ai point encore. On m'en a payé quelques mois les appointemens, ensuite on m'a fait entrer dans une compagnie de sous-officiers de vétérans, où je ne vois plus d'issue ; il faut pourtant que j'en sorte, car ce n'est pas ma place. J'ai encore assez de vigueur et de jeunesse, ce me semble, pour faire partie de l'armée active. Qu'en pensez-vous ? »

Son élocution ferme et précise, l'air martial de ce sous-officier me prévinrent en sa faveur. Le général F. m'assura qu'il m'avait dit la vérité : qu'il l'avait connu enfant, que son père était mort au champ d'honneur, et que Fieschi, élevé dans les camps, avait montré des vertus militaires qui devaient faire regretter que les circonstances n'eussent pas favorisé son instruction littéraire. Dès lors je pris un vif intérêt à cet homme, et comme malgré ses sollicitations et les miennes il ne fut point nommé officier, j'accusai intérieurement le ministre de prendre à tâche d'écarter les militaires dévoués, tout en engageant Fieschi à espérer des jours meilleurs. Il venait me voir de temps à autre, me répétait l'histoire de ses souffrances, sans jamais y faire remarquer de variantes contradictoires.

Le général F. étant parti pour la Corse en 1833, Fieschi, qui était alors sorti des vétérans, vint m'annoncer, l'air consterné, qu'on lui refusait le secours auquel il avait droit comme condamné politique, jusqu'à la production du jugement de condamnation. Je cherchai à le consoler et lui promis de faire retrouver au ministère de la guerre la pièce qu'il m'assurait y avoir été déposées. J'en fis faire inutilement la recherche, et lui conseillai enfin de demander cette pièce, soit au greffe du tribunal où il avait été condamné, soit à la maison de détention d'Embrun, où la copie devait être enregistrée en face de son écrou. Il parut accueillir cet avis avec empressement, et j'écrivis moi-même la lettre de demande au directeur de la maison. J'ignore quel en a été le résultat ; mais quelque temps après, ayant rencontré Fieschi, il me dit d'un air rayonnant, qu'il avait obtenu une réponse satisfaisante, et qu'il espérait recevoir bientôt le rappel de sa pension, et que, dût-elle manquer, M. C., l'un de mes amis, lui avait procuré un petit emploi dans les travaux de Paris qui le mettait en état de soutenir sa femme et sa fille, pour lesquelles je dois ajouter qu'il n'a cessé de montrer la plus grande sollicitude.

DESCRIPTION

DE LA MACHINE INFERNALE.

Cette machine, trop ingénieusement conçue, est montée sur une espèce d'échafaudage soutenu par quatre pilastres, qui sont liés entre eux par de fortes traverses faites, comme les pilastres eux-mêmes, avec de très-bon bois de chêne. Vingt-cinq canons de fusils de longueur ordinaire sont appuyés par la culasse sur la traverse de derrière, qui est plus élevée de 7 à 8 pouces que celle de devant, de manière à former une inclinaison venant d'arrière en avant.

Les bouts des canons reposent sur la traverse de devant, dans laquelle on a formé des entailles ou des espèces de créneaux, qui empêchaient les fusils de s'entrechoquer : ces créneaux ne sont point faits sur la même ligne ; ils sont plus élevés les uns que les autres d'un demi-pouce environ, un peu plus un peu moins, de manière à ce que toutes les charges ne portent pas vers le même point ni dans la même direction.

Ainsi, par cette disposition des fusils, la mitraille qu'ils contenaient devaient s'étendre dans une largeur d'environ 25 pieds d'arrière en avant du cortége, et dans une hauteur d'environ dix pied de bas en haut, c'est-à-dire des pieds des chevaux à la tête des cavaliers. Par ce moyen, elle embrassait un vaste carré dans lequel le roi et les princes devaient se **trouver** placés au moment de l'explosion. Mais heureusement quatre fusils ayant crevé, leur charge n'a pas porté toute entière à l'extérieur, et deux autres canons n'ont pas pris feu. Pour comble de bonheur, ce hazard a diminué le danger de 24 coups de fusils tirés dans le même carré, en les calculant d'après la quadruple charge que chacun de ces 6 fusils a refusée à l'assassin. Telle est sans doute la cause réelle du salut du roi et de ses trois fils.

Les fusils ainsi placés étaient couverts sur la culasse par une large et forte barre de fer vissée à la traverse sur laquelle ils s'appuyaient; les canons étaient disposés de manière à ce que toutes les lumières fussent en haut et toutes sur la même ligne, de telle sorte qu'il fût possible d'y mettre le feu d'un seul coup au moyen d'une traînée de poudre. Nous n'avons pu comprendre comment cette traînée de poudre avait été posée, quelques pièces, sans doute, manquant à l'appareil. A côté de la machine est une longue traverse en très-forte tôle formant les deux parties d'un carré d'environ deux pouces à chaque face. Aucune trace de poudre n'existe sur cet objet, qui paraît même n'avoir été pour Fieschi d'aucune utilité.

Dans le milieu de chacun des deux pilastres de derrière se trouve une rainure, où viennent s'agencer les deux traverses de côté, et au moyen d'une vis semblable à celles qui servent à tenir les lits, on peut hausser ou baisser la partie postérieure et donner ainsi à tous les canons une pente plus ou moins inclinée, selon qu'il eût été nécessaire pour tirer sur le cortége.

L'ensemble de la machine peut avoir trois pieds et demi de largeur sur quatre pieds de longueur; elle était combinée de manière à être un peu plus élevée que l'embrâsure de la croisée de la chambre de Fieschi.

Le second fusil et le dixième n'ont pas pris feu, et les quatre qui ont crevé ne sont pas, comme on l'a dit dans quelques journaux, placés à côté l'un de l'autre; ils sont au contraire fort éloignés; le premier qui a crevé est le quatrième dans la rangée, et le dernier est le vingt-troisième.

Le contre-coup a fait éclater la trave de derrière en plusieurs endroits.

Enfin, en examinant cette machine, on est porté à croire que pour l'établir, il a fallu le travail d'un menuisier, d'un serrurier et d'un mécanicien, et que le même homme n'a pu tout faire à moins qu'il ne connût ces trois métiers, et qu'il n'eût à sa disposition tous les outils nécessaires.

CÉRÉMONIE FUNÈBRE.

C'est après être restées huit jours exposées dans la Chapelle Ardente de l'église Saint-Paul, rue Saint-Antoine, que l'ont vient de rendre les honneurs funèbres aux quatorze victimes qui ont succombé à l'horrible attentat du 28 juillet 1835.

Aujourd'hui mercredi, 5 août, le cortége s'est mis en marche à neuf heures du matin, dans l'ordre qui avait été indiqué :

Deux escadrons de hussards ; deux escadrons de garde nationale ; un bataillon du 46ᵉ de ligne ; la 1ʳᵉ et la 4ᵉ légion de la banlieue ; la 2ᵉ, 3ᵉ et 4ᵉ légion de Paris, ouvraient le cortége ; venaient ensuite la 8ᵉ légion de Paris, et deux bataillons du 49ᵉ de ligne ; les chars funèbres, précédés du clergé de Saint-Paul, dans l'ordre suivant :

Mademoiselle Louise-Joséphine Remy, agée de 14 ans, brunisseuse, rue du Pont-aux-Biches, n. 1. On a pu remarquer le char qui portait cette jeune fille, tout garni de satin blanc, et brodé en argent, et que douze jeunes filles en blanc et voilées, suivaient sur les côtés et derrière en tenant les coins du poële. Il était bien digne de le placer à la tête de ce triste cortége, comme l'enseigne de la vraie douleur;

Madame Langoray, ouvrière en franges, rue des Vertus, n. 20;

M. Inglard, employé à la filature des hospices, impasse des Hospitalières;

M. Ardoin, journalier, rue de Montreuil, n. 99;

M. Labrouste, (François-Marie-Alexandre), âgé de 72 ans, receveur de contributions directes du 7e arrondissement, rue Bourgtiboug, n. 16;

M. Beneter, grenadier du 1er bataillon de la 8e légion, faubourg Saint-Antoine, n. 29;

M. Ricard, grenadier du 1er bataillon de la 8e légion, faubourg Saint-Antoine, n. 47;

M. Léger, grenadier du même bataillon, faubourg Saint-Antoine, n. 273;

M. Prudhomme, sergent des grenadiers du même bataillon, faubourg Saint-Antoine, n. 123;

M. Villate, capitaine d'artillerie, officier d'ordonnance du ministre de la guerre, âgé de 34 ans;

M. Raffé, âgé de 56 ans, colonel de la gendarmerie du département de la Seine, rue Saint-Germain-des-Prés, n. 10;

M. Rieussec, lieutenant-colonel de la 8e légion, rue de Charonne, n. 165;

M. de La Chasse de Vérigny, maréchal de camp, commandant l'école d'état-major, âgé de 60 ans, rue de Grenelle, n. 136;

M. le maréchal Mortier, duc de Trévise, pair de France, âgé de 60 ans. Le corbillard était d'une telle hauteur, qu'il a fallu enlever tous les réverbères sur toute la ligne du cortége ; il était attelé de six chevaux. Les maréchaux Gérard, Grouchy, Duperré et Molitor tenaient, à cheval, les cordons du poële. Derrière ces quatorze chars funèbres venaient ensuite MM. les ministres de la justice, des finances, de l'instruction publique et du commerce, accompagnés de cinq conseillers d'état ; la députation de la chambre des pairs ; la députation de la chambre des députés ; la députation de la cour de cassation ; la députation de la cour des comptes ; la députation de l'Université ; la députation de l'Institut ; la députation de la cour royale ; le corps municipal de Paris ; la députation du tribunal de première instance ; la députation du tribunal de commerce ; les Écoles Polytechnique, d'État-Major, et Normale ;

Les 5e, 6e, 7e, 9e, 12e légions de Paris, deux batteries d'artillerie, un bataillon du 46e de ligne, deux escadrons de la garde nationale à cheval, deux escadrons de hussards ;

Les députations des ouvriers de Paris terminaient le cortége, qui était fermé par un escadron de garde municipale ;

Lorsque la tête du convoi fut à la hauteur de la rue de la Paix, le roi est monté à cheval, accompagné de M. le duc d'Orléans, de M. le duc de Nemours, de M. le prince de Joinville, a traversé le jardin des Tuileries, la place et le pont de la Concorde, le quai d'Orsay, l'esplanade des Invalides, est entré par la porte du dôme, dite le portail du Roi.

Le roi, du jardin des Tuileries aux Invalides, est passé entre deux haies formés, d'un côté par la 1re légion de Paris, la 2e de la banlieue, la 3e de la banlieue, la 10e et la 11e de Paris, et de l'autre côté, par les 54e, 22e, 37e, 56e et 6e régimens de ligne, et les 5e et 1er légers.

L'intérieur du dôme était occupé par MM. les membres de la chambre des pairs, placés sur l'estrade à droite, et par MM. les membres de la chambre des députés placés sur l'estrade à gauche. Des estrades étaient pareillement réservés à MM. les membres du corps diplomatique et aux députations des corps de l'état qui étaient venus avec le convoi, ainsi qu'aux membres des familles.

L'artillerie, disposée sur la place Vauban, annonça l'arrivée du roi. S. M. a été reçue par M. le gouverneur et par le clergé des Invalides.

Lorsque le convoi fut arrivé, le roi est allé recevoir les corps à la porte des Invalides. Les corps ont été ensuite transportés sur le catalfaque qui leur était destiné au centre du dôme.

Une messe a été célébrée ; Mgr. l'archevêque de Paris a officié. Une oraison funèbre a été prononcée par M. l'abbé Landrieux.

Discours adressé au roi par M. le duc de Coné-
gliano, à son arrivée aux Invalides.

Sire,

De nombreuses victimes vont recevoir le té-
moignage d'unanimes regrets ; victimes toutes il-
lustres, Sire, parce qu'elles sont tombées près
de vous, mânes glorieuses par l'hommage que
vous venez leur rendre et qui les suivra dans la
tombe.

En présence de V. M. c'est la France entière,
cette grande famille, qui s'incline devant la di-
vine Providence pour la bénir d'avoir préservé
son roi, son père, et avec lui nos jeunes princes,
ses fils, l'espoir du pays.

Déjà, Sire, les cœurs de vos braves invalides
se sont élevés vers elle dans un profond senti-
ment de reconnaissance, aussi remplis d'amour
pour votre auguste personne, que d'horreur pour
l'exécrable attentat qui met la patrie en deuil.

Mais le ciel a protégé la France. Vive le Roi !

1ᵉʳ arrondissement. — M. le général HEYMÈS, aux Tuileries ; M. le général COLBERT, rue de Clichy, 11.

2ᵉ arr.—M. LEDERNET, ouvrier sellier, rue Bergère, 20, forte contusion à la tête ; Mᵐᵉ LEDERNET, sa femme, atteinte d'une blessure légère au bras et à la tête ; Mᵐᵉ LEDERNET, belle-sœur des précédens, amputée d'une jambe à l'hôpital Saint-Louis.

5ᵉ arr.—Mᵐᵉ Joséphine LANDOT, tabletière, demeurant à Méru (Oise), amputée d'une jambe à l'hôpital St-Louis ; Mˡˡᵉ GEER, ouvrière en linge, 59 ans, faubourg St-Martin, 72, fracture de l'humérus, traitée à l'hôpital St-Louis.

6ᵉ arr.— M. Émile HENRY, 10 ans, rue du Petit-Hurleur, 5, contusions graves ; Mˡˡᵉ Arthémise JOSSE, 8 ans, rue Phélippeau, 9, blessée aux deux jambes et reçue à l'hôpital St-Louis ; Mˡˡᵉ Rose ALISON, 27 ans, rue Notre-Dame-de-Nazareth, 17, amputée de la cuisse gauche, à St-Louis ; M. Pierre-André GORET, enfant, rue Folie-Méricourt, 6, balle à la poitrine ; M. CLOTILDE François, rue Notre-Dame-de-Nasareth, 17, blessé à la cuisse ; Mᵐᵉ LACOSTE, rue du Temple, blessée à la cuisse.

7ᵉ arr.—Fébronie-Adélaïde TROTIGNON, femme

Briosne, rue Culture-Sainte-Catherine, 9, quatre blessures graves aux cuisses.

8e arr.—M. Marion, capitaine en second des grenadiers du 1er bataillon, faubourg St-Antoine, 29 ; M. *Chamarante, sergent des grenadiers du 3e bataillon, rue Saint-Antoine, 7 ; M. Chauvin, grenadier du 1er bataillon, rue de la Roquette, 22 ; M. Royer, grenadier du même bataillon, faubourg St-Antoine, 23 ; M. Delépine, grenadier du même bataillon, rue des Boulets, 11 ; M. Vogel, ouvrier imprimeur en papiers peints, rue St-Antoine, 209, reçu à St-Louis ; Mme Ardouin, née Hébert, rue de Montreuil, 99 ; M. Leclere, apprenti ébéniste, 13 ans, rue de Côte, reçu à Saint-Louis.

9e arr.—M. Bonnet, garçon boulanger, 28 ans, quai des Ormes, 40, blessé légèrement au pied ; Barathon, imprimeur, 53 ans, rue et île Saint-Louis, blessé à la cuisse (évacué de St-Louis sur la prison de la Conciergerie.)

10e arr.—M. le général Pelet, rue de l'Université, 61

11e arr.—Le général Blin, rue St-André-des-Arts.

12e arr.—M. Michel Vidal, ouvrier fondeur, 16 ans et demi, rue de la Montagne-Sté-Geneviève, 60, blessé à la joue ; hôpital Saint-Louis.